LE
JAPON GÉOGRAPHIQUE
POLITIQUE ET ÉCONOMIQUE

PAR

KIJIMA

(Extrait de la *Revue du Commerce, de l'Industrie et de la Banque*)

PARIS

LIBRAIRIE GUILLAUMIN ET Cie

14, RUE RICHELIEU, 14

1905

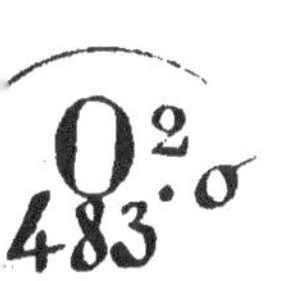

JAPON GÉOGRAPHIQUE

POLITIQUE ET ÉCONOMIQUE

LE
JAPON GÉOGRAPHIQUE

POLITIQUE ET ÉCONOMIQUE

PAR

KIJIMA

(Extrait de la *Revue du Commerce, de l'Industrie et de la Banque*)

PARIS

LIBRAIRIE GUILLAUMIN ET Cie

14, RUE RICHELIEU, 14

1905

LE JAPON GÉOGRAPHIQUE
POLITIQUE ET ÉCONOMIQUE

TITRE PREMIER

Idée générale géographique du Japon.

Nom. — Depuis l'antiquité la plus reculée, ma patrie s'appelle « Nippon » ou « Ni-Hon », et ordinairement « Dai Nippon » (le Grand Nippon). Le mot « Nippon » prononcé en Chine selon les dialectes « Ji-Pen », « Zi-Pen », « Zip-Pang », signifie « Source de Soleil ou Sortie de Soleil ». Le Nippon doit son nom à sa position à l'orient de l'Empire Coréen et de l'Empire Chinois.

En 1271, Marco Polo, né à Venise, se rendit avec son père à la cour du Grand Mogol. Rentré en Europe en 1295, il raconte ses voyages dans lesquels il parle d'un pays riche et fertile, entouré de mers, situé à 1500 milles de la Mandchourie, et au Nord-Est de la Chine, et appelé « Cipango » ou « Zipangu » (prononciation chinoise, c'est-à-dire « le pays de Nippon ».) Ce « Zippan » est transformé plus tard en « Japan » ou « Japon » par les Européens.

Marco Polo parle aussi des habitants qui, dit-il, sont blancs, « de belle manière » et très riches en mines d'or. Le palais du prince est une « grande merveille » tout couvert d'or comme les églises chrétiennes le sont de plomb. Le parement du palais et des chambres est tout d'or, les fenêtres sont d'or fin. Ils ont de grosses perles rouges qui « bien valent autant comme les blanches ». Leurs poules sont rouges et très bonnes à manger. Ils sont très riches en pierres précieuses.

On sait que vers 1492, Christophe Colomb crut avoir trouvé cette terre fortunée, lorsqu'il aborda sur les côtes de Cuba (1), mais c'est environ cinquante ans après lui que des navigateurs portugais, chassés par la tempête, abordèrent à Tanéga-Shima, île située au sud de Kiou-Siou. Ils furent bien accueillis; des relations de commerce s'établirent entre le Japon et Malacca, alors colonie portugaise.

Ainsi déjà au xiiie siècle le Nippon a été présenté aux Européens par Marco Polo sous le nom de « Zippan ».

Situation. — Le Japon est un archipel situé par 156° 32' et 119° 20' (Greenwich) de longitude est, et par 50° 56' et 21° 45' de latitude nord. Il se compose d'un grand nombre d'îles dont voici les principales :

Honshu (Hondo). . . .	avec	167	îles adjacentes
Yeso ou Hokkaido. . .	—	13	—
Kiou-Siou.	—	150	—
Taiwan (Formose). . .	—	29	—
Sikoku.	—	74	—

1) Sous la date du 23 octobre 1492, Christophe Colomb dit, dans son journal : « Je voulais partir aujourd'hui pour l'île de Cuba qui, d'après les renseignements qui m'ont été donnés par les naturels, sur son étendue, sur ses richesses, doit être Cipango, dont on dit des choses si merveilleuses et qui figure sur les sphères et sur les mappemondes que j'ai vues. » Note de M. Louis de Rosny, qui a traduit en français la lettre de Christophe Colomb sur la découverte du Nouveau Monde).

Tsi-Sima ou Kouriles (32 iles).
Liou-Kiou ou Riou-Kiou (55 iles).
Sado.
Tsou-Sima. . . . . avec 5 iles adjacentes.
Awadzi. . . . . . , . . . — 1 —
Oki. . . . . — 1 —
Iki. . . . . — 1 —
Ogasawara-Sima ou Bonin (20 iles).
Hôkoto ou Pescadores, avec 47 iles adjacentes.

L'archipel japonais, situé à l'extrémité orientale de l'Asie, regarde, du côté de l'ouest, la Chine, la Corée, la Mandchourie et la Sibérie, dont le séparent la mer de Chine, le détroit de Corée, la mer du Japon et la mer d'Okohotsk. Au nord, le détroit de la Pérouse qui unit la mer du Japon à la mer d'Okohotsk, sépare l'île de Yéso de l'île de Sakhalin (Karafouto), terre qui autrefois appartenait à l'Empire et qui aujourd'hui est russe (en 1875 elle a été échangée contre les Kouriles septentrionales) ; plus au nord le détroit des Kouriles sépare les dernières terres de la rangée des mille îles (Kouriles) du cap Lopatka, extrémité du Kamtchatka ; à l'orient enfin les côtes du Japon sont battues par les flots de l'Océan Pacifique.

Races. — A quelle race appartiennent les Japonais ? C'est là une des questions encore les plus discutées de nos jours. Les divergences d'opinions sur ce point en rendent la solution bien difficile.

Quelques-uns disent avec Siebold que des tribus tartares, les Dats, ont occupé le Japon. Thunberg croit qu'ils sont originaires de la Chine. Rein dit qu'ils sont d'origine mongole et qu'il n'y a chez eux aucun élément malais. D'autres, comme Preschel et Prichard, prétendent que les Japonais et les Coréens appartiennent à une même race qui fait partie de la race mongole. Ceux-ci croient qu'ils sont les descendants des Akkads, ceux-là, comme le pieux Kaempfer, les font venir de Babel. Il y en a même qui affirment qu'ils sont d'origine malaise.

Bien que les Japonais et les Chinois appartiennent à la race jaune, peu d'auteurs disent que ces deux peuples ont la même origine. Kaempfer et Farlan rejettent formellement cette opinion, parce que, selon eux, il y a une grande différence entre ces deux peuples au point de vue de la langue, de la religion, de la constitution du corps et des mœurs. Hyde Clarke dit, qu'au point de vue de la ressemblance de la langue, les Japonais viennent des Aryens. Enfin, suivant les traits qui les frappent le plus, expression de la physionomie, us et coutumes, etc., certains ethnologues et anthropologistes rattachent les Japonais à la grande famille « indo-européenne ». D'autres à cette famille de peuples dite « ouralo-altaïque » qui comprend les Finnois, les Hongrois, les Turcs, les Mongols et les Coréens.

Il est certain que les Japonais ont quelques traits de ressemblance avec les Aryens et les Mongols. On s'étonnera peut-être d'apprendre qu'il y ait quelques éléments Aryens chez les Japonais. Cependant, n'ont-ils pas le teint jaunâtre des habitants de l'Europe méridionale, c'est-à-dire des Aryens ? De plus, si l'on admet que le soleil, le climat, le régime alimentaire et les mœurs peuvent avoir sur la transformation d'une race, une influence tellement grande que, après plusieurs générations, cette race peut perdre entièrement l'analogie superficielle de la race originaire, et si l'on sait aussi qu'il y a au Japon beaucoup d'individus, issus de bonne famille, qui ont la peau blanche, le nez bien conformé, de beaux yeux et de belles dents, en un mot, qui ressemblent beaucoup à la race blanche, alors on peut admettre qu'il y a chez les Japonais l'élément Aryen. Et puis, n'est-ce pas des Aryens qu'ils tiennent la blancheur relative de la peau, le développement du corps et de la taille, la teinte fauve des cheveux et de la barbe ? En outre, la constitution solide, le courage, la vivacité du regard et l'élasticité des mouvements leur viennent des Mongols, leurs ancêtres.

Nous pouvons donc admettre qu'il y a chez les Japo-

nais un double élément d'Aryen et de Mongol. Mais d'où
sont issus leurs aïeux ?

La Corée est le pays le plus rapproché du Japon. Cette
situation géographique a pu permettre aux Coréens d'être
les premiers émigrants qui soient venus au Japon. Griffis
constate qu'il y a beaucoup de points communs entre ces
deux peuples : même constitution physique, mêmes yeux,
même physionomie, mêmes cheveux, même moustache,
même barbe, etc., et il conclut en disant que les peuples
du Japon, de la Corée et de la Mandchourie doivent appar-
tenir à la même race. Les points de ressemblance de langue entre les peuples du Japon, de la Corée, de la Tartarie
et de Liao-Tung font dire à Hekker et à Siebold qu'ils
appartiennent tous à la même grande famille. Ce qu'il y a
de plus remarquable encore, c'est que le costume d'anciens
Japonais est presque le même que celui des Coréens. Et
si l'on compare la ressemblance qu'il y a entre le costume
de la cour du Japon, avant la révolution, et celui de la
cour de Corée, on ne doutera pas que ces deux peuples
n'aient une même origine. Au point de vue des mœurs,
du régime alimentaire, des habitations, de la vie de
famille, etc., on constate la même ressemblance. Si nous
ajoutons à cela que, comme conséquence des dispositions
naturelles communes à ces deux peuples, les Japonais se
sont facilement assimilé la civilisation apportée chez eux
par les Coréens, nous conclurons qu'ils proviennent cer-
tainement de la même race.

Mais comment ces Coréens ont-ils pénétré au Japon ? Il
est probable que, jetés par la tempête, ou en pillant les
côtes, ils finirent par s'établir sur deux points : dans l'île
de Kiou-Siou et dans la province d'Idzoumo, située sur
la côte ouest du Hondo, en face de la Corée. Comme tous
les peuples des temps primitifs, ces immigrants de Kiou-
Siou ne s'occupaient que de la guerre ; ils étendirent de
plus en plus leur domination, traversèrent la mer Inté-
rieure, arrivèrent dans la grande île Hondo où ils rencon-
trèrent des populations de même race qu'eux et venues
aussi de Corée.

Bientôt l'entente se fit entre ces deux colonies de même race. Ils continuèrent leur expédition en chassant de plus en plus vers le nord leur ennemi commun : les Aïnos, aborigènes du Japon, et alors très clairsemés dans le pays. La colonie venant de Kiou-Siou finit par s'établir dans la province de Yamato, située dans l'île principale de Hondo. On croit que le chef de cette colonie n'était autre que Jimmou-Tenno, premier Empereur du Japon.

On considère les Aïnos, aborigènes du Japon, comme appartenant à la même race que les Ghilaks de l'Amour et les autres tribus du nord-est de la Sibérie. Il semble qu'ils soient venus du continent à une époque très reculée, soit quand la terre du Japon était la continuation du continent, soit quand la mer du Japon était prise par les glaces. Au fur et à mesure que leur conquérant étend sa domination, ils se retirent de plus en plus vers le nord et ils se trouvent aujourd'hui dans la grande île septentrionale Hokkaïdo, appelée autrefois, Yéso. Au nombre d'environ quinze mille ils ne vivent là que du produit de la chasse et surtout de la pêche. Ils habitent des cabanes de bois qu'ils tapissent intérieurement de feuillages, ou des huttes de branches dont la terre forme le plancher. Les Aïnos ont de grands yeux francs, ronds, droits et d'un noir brillant, une physionomie douce et des traits réguliers, des lèvres épaisses, un nez grand et de belle forme.

Nous avons vu que les ancêtres qui ont donné naissance au peuple japonais actuel sont venus de la Corée et que ce peuple a un double élément d'Aryen et de Mongol. On admet cependant qu'il y a encore d'autres éléments secondaires. Citons tout d'abord l'élément chinois : ainsi quelques familles japonaises portent un nom dont l'origine est chinoise; puis l'élément malais parce qu'on a tout lieu de croire que ce peuple est venu au Japon. Mais ces deux éléments ne paraissent jouer qu'un rôle insignifiant dans la formation du peuple japonais, parce qu'il leur a été impossible de contribuer, d'une manière notable, au changement de la langue et des mœurs.

Population. — Au 31 décembre 1903, la population de l'Empire était de 49.387.403 habitants, soit à peu près 118 habitants par kilomètre carré. Il y a vingt ans déjà, Élisée Reclus écrivait que « situé à moité chemin de San Francisco à Londres par l'Océan Pacifique et la Russie, l'Empire du Japon complète la zone des pays de civilisation européenne dans l'hémisphère du nord. Il unit l'orient à l'occident du monde, et, par la mer, il commande tous les chemins qui mènent vers les îles malaises, l'Indo-Chine et les contrées riveraines du Pacifique et de la mer des Indes. En outre, sa population est assez considérable et assez industrieuse pour qu'il prenne rapidement un rôle d'une importance majeure dans l'histoire du commerce et de la civilisation générale. » Déjà de nombreux écrivains parlent du « Nippon » comme la grande Bretagne de l'Orient. »

Climat. — Les conditions climatériques diffèrent essentiellement du nord au sud du pays. Tandis que les Riou-Kiou et les Osagawara jouissent, dans le voisinage du tropique, d'un été perpétuel, les Kouriles endurent les frimas polaires du Kamtchatka. Le climat est très dur sur les côtés est et nord de Yéso, qui sont exposés aux courants arctiques. Le sol ne dégèle pas avant la fin de mai et la neige ne fond complètement qu'en juin. La neige tombe plus abondamment dans l'ouest que dans l'est du Japon, et les flocons tombés séjournent beaucoup plus longtemps à l'ouest qu'à l'est. D'après Rein, la gelée est rare à Tokyo, et ne se produit qu'avec les vents du nord-est.

Les conditions climatériques de Yokohama sont à peu près les mêmes que celles de Tokyo. Il est bon de noter qu'à latitude égale, le Japon a un climat de 4 degrés plus froid que celui de l'Europe. Dans cette région moyenne de Nippon, l'automne est la plus belle saison de l'année ; le printemps et l'été sont très agréables ; la chaleur oppressante ne dure pas longtemps. Les orages ne sont ni fréquents, ni violents.

Le Japon doit à ses pluies fertilisantes d'été une flore

étonnamment riche. Il est, par excellence, le pays des arbres. Parmi les essences forestières les plus belles et les plus appréciées, sont les essences résineuses employées pour la construction des maisons. La richesse de la flore japonaise et la beauté de ses espèces arborescentes sont prodigieuses. Le Japon est le pays qui possède à la fois, sur une même surface, le plus d'arbres à feuilles caduques et le plus de conifères. Rien n'égale la splendeur de ses forêts colorées des teintes éclatantes de l'automne. Dans les allées largement ouvertes, sur les contours arrondis des sommets, et, jusqu'aux ondulations gracieuses de l'horizon, les arbres de toute espèce forment, par le ton varié de leur feuillage, des paysages pleins d'agréables contrastes. Quant aux fleurs, qui sont innombrables, elles ont en général plus d'éclat que les fleurs d'Europe, mais moins de parfum. Le Japon, dit Kaempfer, peut le disputer avec la plupart des pays connus, par la variété et la beauté de ses plantes et de ses fleurs, dont la nature a richement embelli ses champs, ses collines, ses bois et ses forêts. Et, comme les quatre saisons sont nettement délimitées, et arrivent toujours à époques fixes, nous pouvons conclure en disant, avec certains voyageurs anglais, que le Japon n'est pas seulement le sanatorium de l'Extrême-Orient, mais encore le jardin de l'Asie, le plus favorisé de la nature.

TITRE II

Géographie physique.

Orographie. — Le sol des îles japonaises est montagneux et volcanique. Les volcans en activité y sont encore nombreux, et les roches éruptives y font partout saillie à la surface du sol. On en compte sept en activité, dont un insulaire (O-Sima, dans l'île de Vries). La saillie des terres montagneuses qui forme l'archipel, suit deux directions distinctes. L'un de ses axes, qui va du nord au sud mais en s'écar-

tant un peu du méridien, continue l'arête du Sakhalin. La
côte ouest de Yéso, la moitié septentrionale de Nippon,
les sept îles d'Idzou, et les Ogasawara-Sima se discipli-
nent suivant cette direction. L'autre axe qui va du nord-est
au sud-ouest en dessinant trois arcs de cercle successifs,
continue la fissure volcanique du Kamtchatka. Ponctué dans
le nord par les cônes fumants des Kouriles, où Milné
compte au moins 52 volcans géologiquement modernes, et
dans le sud par les collines des Riou-Kiou, cet axe croise
sur deux points l'axe méridien : en Yéso, dans la région
méridionale : en Nippon, dans le massif de Nikko.

Il y a quatre pics qui dépassent 3.000 mètres d'altitude.
Le Fousi-yama, qui occupe le premier rang, atteint
3.780 mètres et une quarantaine s'élevant à plus de
2.000 mètres. Mais le pic culminant de tout l'Empire se
trouve dans Taiwan (Formose). C'est le Morrisson qui a
4.140 mètres de hauteur et auquel l'Empereur a donné le
nouveau nom de Nijtakayama (Haute Montagne Nouvelle).
Dans un pays aussi accidenté, les lacs et les cascades
ne sont pas rares et contribuent à ornementer le pays. Le
plus grand est le lac Biva d'où sort le Yodo-gava. « Au
point de vue des paysages, dit Metchnikov, Biva n'a rien
à envier aux lacs les plus renommés de l'Europe, et pré-
sente une certaine analogie avec le lac Majeur. »

Cours d'eau. — Le Japon est, dans l'ensemble, un pays
si accidenté, que les plaines y occupent seulement le hui-
tième de la superficie totale. Les cours d'eau qui l'arro-
sent sont donc, pour la plupart, des torrents de montagnes.
En sa qualité de pays insulaire, aux formes très allongées,
il ne peut avoir d'amples bassins et de rivières au long
cours. Toutefois, grâce à l'orientation des vallées et à la
direction méridienne des chaînes dans le nord et le centre
de la grande île, les torrents du Japon, souvent larges et
profonds, ont un développement plus grand qu'on ne s'y
attendrait tout d'abord. Les rivières de Yéso ont un développement assez considérable : l'Isikari, long de 250 à
300 kilomètres vers le sud-ouest; le Tésivo, d'un cours pres-

que égal, vers le nord-ouest; le Tokatsi, environ 200 kilomètres vers le sud. Mais c'est dans la grande île que se trouvent les plus importantes rivières; le Kitakamigava qui coule presque en ligne droite du nord au sud n'a pas plus de 250 kilomètres. Les deux versants de l'île ont chacun leur fleuve important : la mer du Japon a le Sinanogava, et le Pacifique reçoit le tribut du Tonégava par deux bras, dont l'un tombe dans la baie de Yédo. Le Sinanogava est le plus long et le plus abondant des fleuves japonais. Il décrit un parcours de 290 kilomètres comptés au compas, de 350 ou 400 peut-être en suivant le chenal. Le point où il se jette dans la mer du Japon forme le port de Niigata.

Côtes. — Outre les détroits qui séparent les îles principales, les côtes de l'archipel japonais présentent un grand nombre de golfes et de baies, de caps, de pointes et de promontoires, de détroits, d'îles pourvues de ports ou de simples ancrages. Il est donc naturel que le développement des côtes du Japon soit considérable, proportionnellement à la superficie du pays; il est en effet de 7.432.86 Ri, c'est-à-dire de 29.191 kilomètres.

Superficie. — L'archipel entier mesure à vol d'oiseau du nord au sud, à peu près 4.500 kilomètres. Cette longueur se divise assez exactement en 100 kilomètres pour la chaîne des Kouriles, 1.500 pour la rangée des Riou-Kiou et Formose, et 2.000 pour le noyau de l'Empire. La superficie totale est de 417.390 kilomètres carrés. On se rappelle que la France et l'Angleterre ont pour leur superficie 527.686 kilomètres carrés et 314.628 kilomètres carrés respectivement; le Japon a donc la moitié de superficie de ces deux pays réunis.

Courants. — Il y a deux sortes de courants : Le « Kourosivo » (courant noir) ainsi appelé par les marins japonais à cause de sa teinte sombre, et les courants arctiques. Le Kourosivo prend sa source au sud de Formose, court vers le nord-est, ses eaux jettent leur tiédeur sur la moitié sud du pays, tandis que l'autre moitié nord est exposée aux courants froids qui viennent des régions arctiques. Aussi, malgré l'étendue méridienne du pays, la différence de température n'est pas aussi sensible que pourrait le faire croire sa latitude.

Voici d'ailleurs le tableau des observations météorologiques faites pendant l'année 1902 :

	Taihoku (Taipei) de Formose	Shimonoséki	Tokyo	Hakodaté de Hokkaido
	M. M.	M. M.	M. M.	M. M.
Pression atmosphérique :				
Moyenne..................	760.5	761.5	760.7	760.1
Maximum absolu observé..	771.6	773.9	776.2	771.6
	14 fév.	11 fév.	27 nov.	24 mars
Minimum absolu observé..	738.0	735.6	720.1	735.8
	31 août	10 août	28 sept.	8 janv.
Température de l'air (centigr.):				
Moyennes normales........	21.9	15.2	13 7	8.1
Maximum absolu observé..	34.9	31.5	32.5	27.5
	22 juin 12 juil.	14 juil.	30 août	9 sept.
Minimum absolu observé..	4.9	2.7	6.6	19.0
	2 fév.	24 janv.	26 janv.	12 fév.
Moyenne de l'humidité relative p 0 0.................	80	76	76	76
Quantité de pluie et de neige :				
Quantité totale..........	1.600.6	1.804.0	1.753.7	1.013.3
Maximum en 24 heures...	232.4	72.0	66.3	57.2
	31 août	10 août	3 août	29 août

TITRE III

Géographie politique.

Dynastie. — Le Japon est la seule monarchie constitutionnelle qui existe dans toute l'Asie. Le chef de l'État porte le titre d'Empereur, et le trône est héréditaire. La dynastie régnante a été fondée, il y a plus de deux mille cinq cents ans (660 avant J.-C.), par *Jimmou Tenno*, premier empereur. Elle a toujours occupé le trône jusqu'à nos jours, sans aucune interruption.

Ère. — Le couronnement du premier empereur est l'ère d'où les Japonais commencent à compter les années. L'année 2565 correspond à 1905 et l'Empereur Moutsuhito, glorieusement régnant, est le cent vingt et unième empereur du Japon. La computation officielle du temps se fait par périodes impériales qui sont caractérisées par une qualification spéciale. Celle qui a commencé avec l'avènement de l'Empereur actuel est désignée sous le nom de *Meidji* (Règne éclairé). L'année 1905 est la trente-huitième année de Meidji.

Constitution. — La constitution du Japon est une constitution gracieusement octroyée. Elle a été promulguée en 1889, le 11 février, anniversaire du couronnement du premier Empereur. D'après la constitution, l'Empereur est sacré et inviolable ; il est le chef de l'Empire, réunissant dans sa personne tous les droits de la souveraineté, et il exerce le pouvoir législatif avec le concours de la Diète, et le pouvoir exécutif d'après l'avis de ses ministres qui sont responsables. Il y a un conseil privé qui délibère sur les matières politiques importantes, dont l'examen lui est confié par l'Empereur.

Diète. — Deux assemblées (Diète Impériale) exercent le pouvoir législatif. La Chambre des pairs se compose de membres de diverses catégories :
1° La Famille Impériale.
2° Princes et Marquis.
3° Délégués des comtes, vicomtes et barons (1).
4° Membres nommés par l'Empereur.
5° Membres élus par les quinze habitants les plus hauts

(1) Le nombre d'élus, fixé par l'édit impérial pour 1904 est de 17 pour les comtes, 70 pour les vicomtes et 56 pour les barons.

imposés de chaque « Ken » (province) et nommés par l'Empereur.

D'après la loi électorale revisée et portant la date de mars 1900, la Chambre des Représentants se compose de 369 membres élus par le peuple au scrutin uninominal et secret. On ne demande aucune capacité au candidat ; il suffit qu'il soit âgé de plus de 30 ans. L'électeur au contraire, doit être du sexe masculin, avoir 25 ans accomplis et payer annuellement l'impôt direct de 10 yens (environ 25 francs). La réunion des deux Chambres a eu lieu, pour la première fois, en novembre 1890.

Gouvernements locaux. — L'Empire a un gouvernement général spécial de Formose, qui a neuf ken (gouvernements locaux) sous ses ordres ; un gouvernement de Hokkaido, qui gouverne Yéso entier ; trois gouvernements pour les Fou (trois grandes villes : Tokio, Kioto et Osaka) et quarante-trois gouvernements pour les ken (provinces). Ces gouvernements se chargent de l'administration locale, et sauf le gouvernement général spécial de Formose, tous les gouvernements locaux ont un conseil provincial.

Le Ken et le Fou sont divisés en shi (villes) et en goun (arrondissements), et chaque goun est subdivisé en chô (petites villes) et son (villages). Shi, chô et son sont les communes fondamentales.

Enseignement. — L'enseignement primaire est obligatoire. D'après la statistique au 31 décembre 1899, les établissements d'enseignement fondés par l'État sont au nombre de 61. Ce sont les universités, l'école normale supérieure, les écoles d'agriculture, de commerce et d'industrie, les lycées, l'école des langues étrangères, l'école des beaux-arts, l'école de musique et l'institution des sourds-muets, etc. ; une école des nobles pour garçons et une pour filles ; l'école supérieure militaire, les écoles d'artillerie, du génie, de l'intendance, des officiers moniteurs, de la musique militaire et les prytanées, etc. ; l'école supérieure de la marine, les écoles de navigation, de mécanique, de médecine, des comptables et des ouvriers des constructions navales ; les écoles navales commerciales et l'école des postes et télégraphes ; les écoles de langue japonaise et les écoles primaires de Formose, dont voici le nombre des professeurs et d'élèves au 31 décembre 1902 :

PERSONNEL ENSEIGNANT				ÉLÈVES	
JAPONAIS		ÉTRANGERS		MALES	FEMELLES
Hommes	Femmes	Hommes	Femmes		
2.367	74	86	2	32.885	1.932

Outre les écoles gouvernementales énumérées ci-dessus, voici la statistique des écoles publiques et privées au 31 mars 1902 :

	Nombre d'écoles	Personnel enseignant	Élèves
Écoles moyennes..............	241	1.204	88.051
Écoles normales..............	54	1.032	17.982
Écoles spéciales et techniques....	444	2.960	49.240
Écoles supérieures de filles......	69	940	17.215
Écoles diverses...............	3.456	7.032	141.851
Écoles spéciales, publiques et privées.................	49	974	14.574
Écoles techniques, publiques et privées..................	392	1.986	34.666
Institutions de sourds-muets, publiques et privées.............	14	64	559
Écoles primaires..............	27 021	102.749	4.981.868

Il y a 255 jardins d'enfants (salles d'asiles) dont le service est fait par 674 femmes et que fréquentent 23.759 enfants.

Le nombre des bibliothèques est de 50 ; elles contiennent 619.232 volumes.

— 19 —

Le nombre des bureaux de journaux et revues qui paraissent périodiquement est de 1.181. Pendant l'année 1898, ils ont été tirés à 464.458.141 exemplaires.

Les divers ouvrages publiés pendant l'année 1901 atteignent le chiffre de 18.998.

Justice et criminalité. — Le système de justice au Japon est établi d'après le type moderne de jurisprudence. Les fonctions de juge sont à vie, sauf les cas de crime ou de peine disciplinaire. Il y a quatre degrés dans les jugements : la cour de cassation, la cour d'appel, le tribunal de première instance et le tribunal de district.

1° Le tribunal de district est compétent pour les petites affaires en matière civile et criminelle.

2° Le tribunal de première instance a une compétence plus étendue en matière civile et criminelle que le tribunal de district, dont il peut reviser la juridiction.

3° La cour d'appel exerce la juridiction d'appel sur le tribunal de première instance.

4° La cour de cassation est la cour suprême et exerce la juridiction d'appel sur la cour d'appel elle-même, la juridiction originale de crime contre la famille impériale et l'État, et l'instruction et le jugement contre la famille impériale pour l'emprisonnement ou une plus grave punition.

Voici la statistique des cours et tribunaux au 31 décembre 1901 :

	Nombre	Juges	Procureurs	Greffiers en chef	Greffiers	Employés	Gardiens	Total
Cour de cassation..	1	25	7	1	15	31	7	86
Cour d'appel........	7	121	23	7	94	124	97	172
Tribunal 1re instance.	49	401	140	0	752	705	654	2.652
Trib. de district....	310	560	376	0	1.261	2.954	1.099	9.253
Trib. de Taiwan....	9	32	13	0	111	145	0	334
Total........	376	1.139	565	8	5.269	3.959	1.857	12.797

*Statistique de la criminalité pendant les années
1897-1898-1899-1900-1901.*

Accusés	1897	1898	1899	1900	1901
Crimes..............	3.414	3.517	3.315	3.136	3.323
Délits..............	187.250	180.382	144.568	141.599	140.128
Total (1)........	193.737	187.642	152.094	149.306	148.239

TITRE IV

Géographie économique.

Navires. — Grâce à la situation géographique de l'Empire, le transport par mer a existé au Japon dès la plus haute antiquité; mais les bons ports y sont rares et pendant de longues années on n'a guère travaillé à les rendre plus utiles à la navigation.

Depuis quelques années, de grands travaux pour l'amélioration des ports ont commencé sur plusieurs points, mais il reste encore beaucoup à faire.

Voici le nombre et le tonnage des navires marchands, d'après la statistique faite à la fin de l'année 1903.

Navires à voiles. 1.088   Tonnes. 657.269.
Navires à vapeur. 3.514   Tonnes. 322.154.

Voies ferrées. — Le grand nombre de collines et de montagnes rend le transport par terre très difficile. Bien que les cours d'eau soient nombreux, très peu sont navigables. L'état défectueux des chemins ne permettait guère d'employer les véhicules. Alors le transport était fait en

---

(1) Les accusés jugés par les tribunaux de Taïwan sont comptés dans les colonnes « total », les renseignements n'ayant pas fait la distinction entre les crimes et les délits.

grande partie par des hommes, des chevaux et des bœufs;
mais il était très coûteux. Depuis longtemps on a commencé partout de grands travaux pour ouvrir de bonnes
routes, et la construction des voies ferrées fait chaque
jour de grands progrès. Aussi, les voyageurs peuvent-ils
circuler partout dans l'Empire avec assez de facilité.

Mais pour en arriver au perfectionnement que nous cons-
tatons en Europe, il faudra encore des années. A la fin de
mars 1903, la longueur des voies ferrées en exploitation
était de 5.581 milles 32 chaînes anglais, et de 1.566 milles
59 chaînes anglais en construction, soit 7.147 milles
91 chaînes, c'est-à-dire à peu près 13.252 kilomètres.

Télégraphes. — Longueur des réseaux télégraphiques
en 1902-1903 :

	Longueur des lignes	Longueur des fils
Réseaux sur terre :	7.609 Ri.	33.592 Ri.
	29.880 54 kilm	131.915 78 kilm.
Câbles sous-marins,		
sous-fluviaux, etc.	2.121 10 milles.	2.757 64 milles

Téléphones. — A la fin de l'exercice 1902-1903 la longueur
des lignes téléphoniques était de 959 Ri (3.766 kilomètres), la longueur des fils de 43.405 Ri (170.451.4 kilomètres), et le nombre approximatif des mises en communi-
cation de 118,876.921.

Postes. — La poste a fait de grands progrès au Japon,
et le service postal est très rigoureusement contrôlé. Dans
le service, le retard d'une minute même n'est pas laissé
sans observation. Toutes les estafettes distribuent les lettres
en courant. A Tokyo, la distribution des lettres se fait
douze fois par jour. En l'exercice 1902-1903, le nombre
des objets expédiés par la poste a été de 913.114.293, soit
19.96 par habitant.

Agriculture. — Le Japon ne se trouve pas dans des
conditions favorables à l'exploitation agricole. En raison

du relief du sol, les plaines y sont assez rares et de peu
d'étendue, et en général, les terres arables ne sont pas très
fertiles. Mais le climat privilégié et la persévérance du
cultivateur compensent largement ces conditions désavantageuses.

Dans certaines contrées, le climat est tellement propice
à l'agriculture, que le même terrain peut donner deux et
même trois récoltes successives dans une seule année.

Comme les agriculteurs apportent la même persévérance,
le même soin du détail dans le travail de leur champ que
dans l'exécution d'une œuvre d'art, ils savent faire fructifier non seulement la plus petite parcelle de terrain utilisable dans les plaines, mais encore le flanc des montagnes
les plus stériles et qui semblent défier toute culture. Aussi
les productions végétales sont-elles nombreuses et abondantes.

Le bois se trouve partout.

Pour les cultures il faut distinguer les terres humides
et les terres sèches. Les premières donnent deux récoltes
par an, l'une de riz, céréale qui fait le fond de la nourriture du Japonais, et qui occupe environ les 4/10 des terrains cultivés, l'autre de pois, de fèves, de chanvre ; les
secondes sont les collines plantées de mûriers, d'arbres à
thé, de plantes employées pour la fabrication du papier
ou d'herbes qui serviront d'engrais. Le froment, l'orge, le
seigle, les millets, la pomme de terre, le potato, le sarrasin, le colza, le coton, le tabac, l'indigotier, etc., se récoltent partout en grande quantité. Le thé noir et le camphre
sont les produits les plus renommés de Formose.

Richesses et industries minérales. — Il y a au Japon
d'assez nombreux gisements miniers, dont quelques-uns
sont exploités depuis des siècles.

La houille est exploitée surtout à Karatsou et dans
l'île de Takasima. Les mines de charbon de Takasima
fournissent à elles seules autant de houille que le reste du
Japon. En Yéso, on exploite entre autres houillères, une
mine dont le charbon s'expédie par le port d'Ivanaï, sur la

côte sud-ouest. L'anthracite proprement dit se rencontre dans la province de Kii. Les charbons du Nord sont principalement des charbons bruns et des lignites. Presque tous les ports de l'Asie importent le charbon du Japon. Les mines de cuivre d'Osara-sava, à la frontière d'Ougo et de Rikoutchiou produisent par mois de grandes quantités de métal. On trouve du cuivre excellent dans la province d'Etchizen. Il y a aussi les mines de cuivre d'Ani en Ougo. Mais la mine la plus riche et la plus anciennement exploitée est dans la province d'Iyo. L'exportation du cuivre à l'étranger est considérable.

Plusieurs provinces du nord possèdent des sources de pétrole. Le fer se trouve dans la province de Rikoutchiou. Mais pour ces deux minéraux le Japon est encore tributaire des pays étrangers.

L'or et l'argent se trouvent en petites quantités jusqu'à présent. La principale mine d'or est dans l'île Sado. L'or et l'argent se rencontrent dans la province de Tazima ; l'argent en Ougo et en Ivami.

Le plomb se trouve principalement dans le nord, l'étain dans le sud ; l'antimoine dans les provinces d'Isé ; le manganèse en Noto, et le cobalt en Ovari. Le soufre ne manque pas dans ce pays volcanique.

Le Japon a aussi de nombreuses sources minérales et thermales.

De tous les thermes japonais, les plus fameux et les plus fréquentés sont ceux de Kousatsou et ceux de Hakoné, non loin de la capitale.

Depuis longtemps, l'industrie proprement dite a atteint un grand développement au Japon. Les bronzes ciselés, les objets laqués, la porcelaine, les armes et les papiers y sont fabriqués avec une perfection rare. Les Japonais ont une aptitude toute particulière pour les travaux manuels, et il est difficile de calculer le nombre des objets ainsi fabriqués et qui est exporté chaque année. Bientôt toutes les industries seront établies au Japon comme en Europe. La plus florissante actuellement est celle des allumettes qui fournit à tous les ports de l'Asie et qui occupe une place importante dans la liste du commerce étranger.

Commerce. — Comme on le verra plus loin, tout d'abord le commerce extérieur du Japon ne s'étendait qu'aux cinq ports suivants : Yokohama, Kobé, Nagasaki, Niigata et Hakodaté. Aujourd'hui plus de vingt ports sont ouverts au commerce extérieur.

Voici d'ailleurs le rapport officiel du mouvement des navires japonais et étrangers, entre le Japon et l'étranger en 1902 :

| | NAVIRES JAPONAIS | | | | NAVIRES ÉTRANGERS | | | |
| | VAPEURS | | VOILIERS | | VAPEURS | | VOILIERS | |
	Nombre	Tonnage	Nombre	Tonnage	Nombre	Tonnage	Nombre	Tonnage
Sorties :								
Japon...	3.239	1.318.223	1.512	75.531	2.979	7.097.378	92	107.961
Formose.	90	70.076	687	18.972	57	49.516	1.246	40.134
Total..	3.329	1.388.299	2.229	94.503	3.036	7.146.924	1.338	148.095
Entrées :								
Japon...	3.226	1.309.164	1.465	72.254	2.985	7.090.249	88	95.779
Formose.	95	75.907	698	19.517	61	53.382	1.271	41.216
Total..	3.321	1.385.071	2.163	91.771	3.046	7.143.631	1.359	136.995

Il y a sept ans, une compagnie japonaise, la « Nippon Yusen Kaisha », qui a choisi le port d'Anvers comme point terminus, a établi un service régulier entre l'Europe et le Japon.

Outre la ligne européenne, il y a encore des services réguliers pour l'Australie, l'Amérique, Bombay, Vladiwostock et tous les ports importants de la Chine et de la Corée. Toutes ces lignes sont exploitées par des Japonais. Le tableau officiel du commerce extérieur en 1903 nous montre que pour les marchandises l'exportation était de

289.502.443 yens, et l'importation de 317.135.518 yens ; et pour l'or et l'argent l'exportation de 19.001.199 yens, l'importation de 27.807.469 yens.

Voici la statistique de 1903, qui démontre comment les navires étrangers ont participé au commerce extérieur du Japon :

PAVILLONS	Entrée dans les ports de bateaux en provenance de l'étranger.				Valeur des marchandises chargées sur les navires marchands à destination ou en provenance de l'étranger			
	Bateaux à vapeur		Voiliers		Exportation		Importation	
	Nombre de bateaux	Tonnage	Nombre de bateaux	Tonnage	Bateaux à vapeur	Bateaux à voiles	Bateaux à vapeur	Bateaux à voiles
					Yens	Yens	Yens	Yens
Japonais........	3.827	5.130 809	782	69.948	114.276.538	1.476.289	106.190.110	2.333.285
Chinois.........	11	12.284	»	»	43.208	»	475.702	»
Anglais.........	1.762	1.734.487	15	24.047	88.848.936	150.017	130.561.187	1.543.229
Français........	101	213.180	12	21.228	15.792.508	962	6.325.290	1.748.440
Allemands......	423	1.268.466	4	8.812	40.940.502	»	37.983 063	585.056
Autrichiens.....	61	190 648	»	»	3.048.122	»	6.215.763	»
Russes..........	252	353.365	5	302	1.270.543	2.396	1.509.546	28.464
Danois..........	52	71.225	1	2.048	373.007	45.408	703.283	193.089
Norvégiens.....	407	392.343	»	»	4.528.908	»	8.792.021	»
Américains..... (États-Unis)	271	961.225	13	14.609	16.073.313	916.887	7.665.213	602.200
Autres nationalités..........	77	91.386	24	1.257	1.250.903	442.794	1.542.426	401.213
Total........	7.248	13.419.418	856	151.971	286.446.488	3.034.753	307.963.605	7.437.977

Valeur des marchandises exportées et importées par pays de destination ou de provenance, en 1903 :

Pays	Exportations	Importations
Asie :	yens	yens
Chine.	64.994.180	45.458.057
Inde Anglaise	8.086.798	69.894.197
Hong-Kong.	29.724.694	1.739.727
Corée	11.761.494	8.912.151
Indo-Chine anglaise . .	7.108.704	1.323.441
Russie d'Asie	2.239.987	8.267.652
Indo-Chine française. .	197.776	15.579.627
Indes néerlandaises . .	912.419	10.842.780
Philippines	1.675.519	3.421.554
Siam	73.626	3.726.280
Total. . . .	126.775.194	169.165.466

Europe :

Pays	Exportations	Importations
Angleterre	16.544.524	48.736.758
France	34.279.146	5.107.913
Allemagne	5.185.658	26.958.977
Italie	11.003.607	344.021
Belgique.	487.473	7.578.591
Autriche-Hongrie . . .	984.290	3.676.995
Suisse.	264.738	2.187.954
Pays-Bas.	224.043	814.706
Russie.	1.125.251	291.559
Suède et Norvège. . .	2.246	310.502
Espagne	67.594	101.191
Turquie	105.959	2.045
Danemark	29.448	18.002
Portugal.	999	17.999
Total. . . .	70.301.646	96.114.213

	Exportations	Importations
Amérique :		
États-Unis	82.723.986	46.273.871
Colonies anglaises . .	2.923.540	499.040
Mexique	72.222	1.639
Pérou	42.012	18.089
Total. . . .	85.731.760	46.792.639
Afrique et Océanie :		
Australie.	3.352.466	1.194.935
Égypte	322.664	2.401 598
Hawaï.	2.253.783	6.218
Total. . . .	5.928.943	3.607.752
Autres pays.	486.791	782.485
Inconnus.	278.138	673.262
Totaux . . .	289.502.443	317.135.518

Enfin, voici la valeur des principales marchandises exportées et importées en 1903 :

Désignation des marchandises	Valeur en yens Exportations
Thé vert (passé au feu à la poële)	8.171.771
Thé vert (passé au feu au panier).	5.081.638
Thé noir	290.361
Riz	4.959.880
Seiche séchée	2.094.499
Iriko (bêche de mer)	444.236
Kantèn (colle végétale)	818.172
Sel marin.	504.996
Algues marines (« Kombu »)	839.291
Algues marines coupées.	204.308
Awabi (coquillages)	608.318
Crevettes, salicoques et écrevisses	406.271
Bière	651.479
Pistaches de terre	336.723

Désignation des marchandises	Valeur en yens Exportations
Eaux minérales.	387.269
Champignons (Shiitaké).	954.320
Saké clarifié.	852.401
Shòyu (sauce japonaise).	419.919
Chemises de coton et caleçons.	785.697
Vêtements européens.	443.023
Camphre.	3.537.844
Ginseng.	374.928
Menthe cristallisée.	804.401
Soufre.	947.225
Cuivre brut et raffiné.	14.906.034
Huile de poisson.	1.188.045
Cire végétale.	1.064.476
Papier européen.	667.092
Fourrures.	754.631
Soies grèges.	74.428.907
Noshi-ito (déchets de soie).	1.997.803
Autres déchets de soie.	4.993.670
Pongee (Habutaé).	27.510.478
Pongee glacé (Haiki).	1.000.386
Mouchoirs de soie.	2.938.421
Coton filé.	31.418.614
Couvertures de coton.	404.188
Flanelle de coton.	877.478
Étoffes de lin (Tchijimi).	471.454
Calicot blanc.	448.572
Shirting.	2.424.453
Toile de coton dit Tènjiku.	1.060.845
Serviettes.	953.363
Tapis de chanvre, coton ou laine.	600.061
Cigarettes.	2.047.993
Ciment.	596.205
Charbon de terre.	19.260.503
Boîtes à thé.	539.150
Traverses (chemins de fer).	923.829

Désignation des marchandises	Valeur en yens Exportations
Brosses à dent	618.359
Pendules, horloges.	393.812
Corail travaillé ou brut	870.980
Éventails	834.559
Miroirs.	490.341
Objets laqués	852.683
Lampes et accessoires	510.546
Allumettes chimiques.	8.473.072
Paillassons et nattes	4.651.465
Porcelaines et faïences	3.169.009
Paravents et écrans	456.517
Tresses de paille	3.787.062
Parapluies à l'européenne	1.344.499
Tresses de saule	1.245.591

Désignation des marchandises	Valeur en yens Importations
Moteurs électriques	836.653
Locomotives.	2.267.472
Diverses machines pour filature	671.771
Chaudières, machines à vapeur.	989.873
Lait condensé	979.990
Œufs frais	815.337
Farines	10.324.420
Saumons et truites salés.	1.557.437
Chlorates de potasse.	750.587
Soudes caustiques.	705.053
Anilines	1.430.043
Indigo sec	4.350.816
Vitres de fenêtres	1.138.832
Daïzou (sorte de fève)	6.369.081
Riz	51.960.272
Coton non égrené	829.018

Désignation des marchandises	Valeur en yens Importations
Froment	4.767.839
Cuir ou peaux de vache, bœuf et buffle	825.814
Fer en lingots	1.256.910
Fer en barres	3.557.942
Rails	2.751.972
Fer en plaques	5.085.574
Pipaux et tubes de fer	1.482.250
Clous de fer	1.509.994
Fer en plaques et en feuilles étamées	972.621
Fils télégraphiques	733.269
Aciers	777.818
Plomb (en saumons et en feuilles)	626.095
Zinc en feuilles n° 2	709.719
Pétrole	11.455.697
Cire paraffine	947.531
Papier d'imprimerie	991.275
Sucres	14.817.125
Sucres raffinés	6.148.906
Coton égrené	68.206.725
Coton écru	1.311.385
Coton filé	766.287
Indiennes (coton imprimé)	1.975.376
Satin tramé coton	1.140.858
Velours tramé coton	759.709
Shirting écru	3.605.876
Shirting blanchi	648.492
Toile de coton pour parapluie	560.889
Laine	4.811.811
Laine filée	1.144.073
Italiennes (Italian cloths)	650.579
Mousselines de laine	4.189.076
Draps	2.610.394
Draps tramé coton	954.852
Fils de soie de Tussor	596.725
Chanvre	1.758.065

Désignation des marchandises	Valeur en yens Importations
Tabac en feuilles	1.077.180
Houille	1.972.923
Tourteaux	10.739.361
Vélocipèdes (bicyclettes et tricycles) . . .	972.948
Wagons pour voyageurs et pour marchandises.	505.340

Mayenne, Imprimerie Ch. COLIN.